AF342984

AGENCE GÉNÉRALE DES COLONIES

———

GUIDE DE L'IMMIGRANT

DANS LES

ETABLISSEMENTS FRANÇAIS DE L'OCÉANIE

(Tahiti et dépendances.)

———

MELUN

IMPRIMERIE ADMINISTRATIVE

—

1923

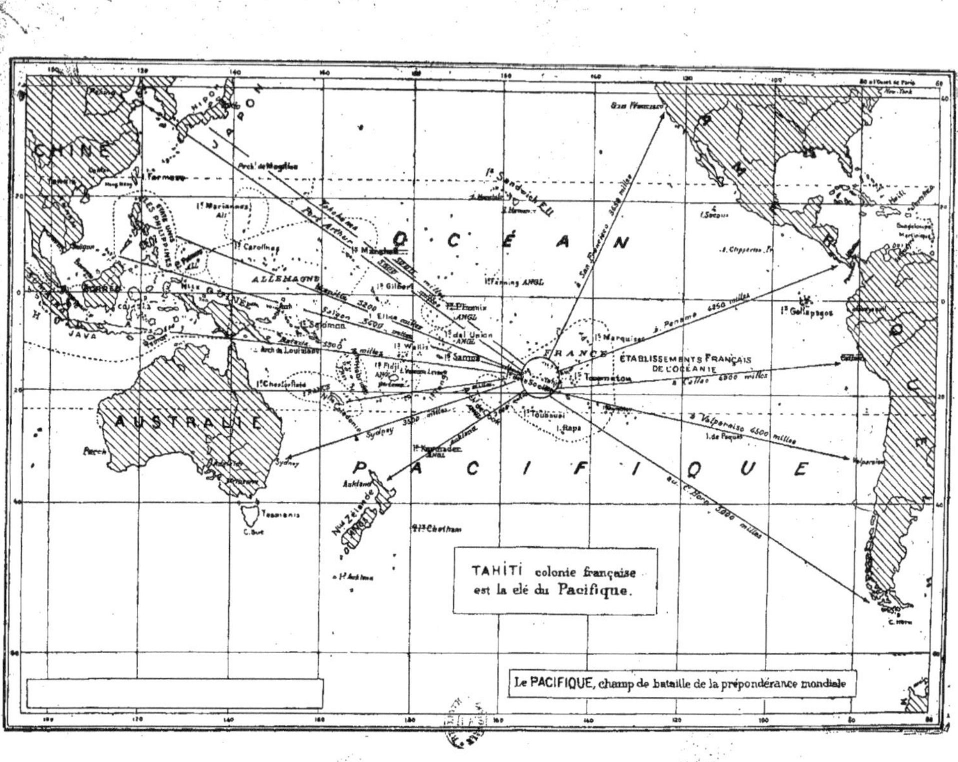
TAHITI colonie française
est la clé du Pacifique.

Le PACIFIQUE, champ de bataille de la prépondérance mondiale

CHINE
JAPON
NIPPON
AUSTRALIE
ALLEMAGNE
JAVA
OCÉAN
PACIFIQUE
FRANCE
ÉTABLISSEMENTS FRANÇAIS
DE L'OCÉANIE
Nlle GUINÉE
Arch! de Louisiade
Tasmanie
C. Sud
Nlle Zélande
Auckland
Sydney
Perth
I. Sandwich E.U.
I. Fanning ANGL.
I. Phœnix ANGL.
I. del Union ANGL.
I. Samoa
I. Fidji
I. Wallis
I. Ellice
I. Gilbert
I. Marshall
I. Carolines
I. Mariannes
Arch! de Magellan
Port-Arthur
Saïgon
I. Salomon
I. Marquises
I. Tahiti
I. Tubuaï
I. Rapa
I. Kermadec
I. Chatham
I. Galapagos
I. Clipperton Fr.
I. Socorro
Panama 6850 milles
Callao 4300 milles
Valparaiso 4500 milles
I. de Paques
C. Horn 3000 milles
San Francisco 3600 milles

GUIDE DE L'IMMIGRANT

DANS LES

ÉTABLISSEMENTS FRANÇAIS DE L'OCÉANIE

(Tahiti et dépendances)

Situation.

Vers le milieu du Pacifique, à 5 et 6.000 kilomètres de tout continent (1), se trouvent dans la région sud-tropicale, entre lesparallèles 7° 50' et 27° 38' et les méridiens 137° 25' et 157° 20', les *Établissements français de l'Océanie* qui forment l'angle oriental de la Polynésie équatoriale.

Plus d'une centaine d'îles, d'îlots et d'atolls les composent.

Les îles principales sont généralement d'origine volcanique ; leurs gigantesques édifices de laves, merveilleux par la grandeur et le charme des sites, sont entourés d'une fertile plaine littorale, circonscrite par un récif madréporique en frange ; un récif barriére, percé de passes et distant du rivage, protège souvent l'île et le chenal des lames du large.

Vers le nord-est de la colonie un grand nombre d'atolls coralligènes peu élevés entourent de leurs cocotiers des lagons riches en nacres perlières.

A partir de l'Équateur, les îles de la Polynésie française sont disposées suivant des alignements réguliers en cinq chaînons parallèles orientés du nord-ouest au sud-est.

Leur superficie totale est d'environ 4.000 kilomètres carrés et leur population de 31.703 habitants qui se répartissent ainsi :

---

(1) A 5.000 kilomètres de la péninsule de Californie.

A 6.000 kilomètres (pour Tahiti) du Mexique et de l'Australie.

ARCHIPEL DE LA SOCIÉTÉ

Iles-du-vent. — 1.179 kilomètres carrés. La principale de toutes les îles, Tahiti, a 1.042 kilomètres carrés (795 kilomètres carrés pour l'île proprement dite et 247 kilomètres carrés pour la presqu'île de Taïarapu) ; sa population est de 11.746 habitants dont 4.601 pour la commune de Papeete, chef-lieu de la colonie.

Mooréa a 132 kilomètres carrés et 1.826 habitants.

ILES-SOUS-LE-VENT

485 kilomètres carrés dont 194 pour Raiatéa, 82 pour Tahaa, 73 pour Huahiné, 38 pour Bora-Bora, etc. — 6.920 habitants les peuplent.

ARCHIPEL DES MARQUISES

1.274 kilomètres carrés dont 482 pour Nuka-Hiva, 400 pour Hiva-Oa, 83 pour Ua-Pu etc. Population totale : 2.300 habitants (1).

ARCHIPEL DES TUAMOTU

Les 80 atolls et îlots qui le composent ont une superficie de 860 kilomètres carrés et une population de 3.715 habitants, à laquelle il faut ajouter les 628 habitants de Makatea administrativement rattachée à Tahiti.

ILES GAMBIER

30 kilomètres carrés et 1.512 habitants.

ILES AUSTRALES ET RAPA

174 kilomètres carrés dont 50 pour Rurutu, 45 pour Tubaï, 42 pour Rapa etc 2.955 habitants les peuplent (1).

Origines coloniales des Établissements français de l'Océanie.

1595. — Découverte des Marquises (groupe S. E.) par Mendâna ; ces îles sont visitées par Cook et Forster (1774).

---

(1) Recensement du 1ᵉʳ juillet 1921.

Papeete. — Le Port.

(Cliché prêté par le Comité de l'Océanie française.)

1606. — Quiros et **Torrès** découvrent l'une des Tuamotu et Tahiti.

1767. — Tahiti est visitée par Wallis, par Bougainville (1768) qui l'appela la « Nouvelle-Cythère » et à trois reprises par Cook (1769-1779). Elle est évangélisée par les missions de Londres dès 1797.

1769. — Découverte par Cook des Iles-sous-le-Vent de Tahiti ; il donne à l'archipel le nom d'Iles de la Société.

1791. — Découverte des Marquises (groupe N. O.) par Marchand et Chanal. Les îles Marquises ont été visitées par Krusenstern (1804), Stewart (1829), Bennett (1835), Dumont d'Urville (1838) . — Découverte de Rapa par Vancouver.

1797. — Découverte des îles Mangareva par Wilson qui leur donne le nom de Gambier. Ces îles sont visitées par Beechey (1826), Moerenhout (1829), Dumont d'Urville (1838).

1842. — Prise de possession des Marquises à Tahuata et à Nuka-Hiva par du Petit-Thouars.

1843. — Établissement du protectorat français sur Tahiti — sur les Gambier (1844), sur Rapa (1844).

1880. — L'île de Tahiti et les archipels qui en dépendent sont déclarés colonie française — Annexion de Rapa (1882).

1885. — Convention franco-allemande (24 décembre) nous assurant du désintéressement de l'Allemagne aux Iles-sous-le-Vent de Tahiti.

1887. — Abrogation du code mangarévien qui avait été maintenu aux Gambier en 1881. Annexion définitive.

1888. — Annexion des Iles-sous-le-Vent à la suite de la convention du 16 novémbre 1887, abrogeant la déclaration de 1847 par laquelle la France et l'Angleterre s'étaient engagées à respecter l'indépendance de ces îles.

1889. — Établissement du protectorat sur les îles Rurutu et Rimatara.

1898. — Loi déclarant les Iles-sous-le-Vent partie intégrante du domaine colonial de la France.

1900-01. — Annexion des îles Rurutu et Rimatara.

Moyens de transport.

MOYENS DE COMMUNICATION ENTRE LA MÉTROPOLE ET TAHITI.

1° Par l'Amérique en 30 jours environ y compris les arrêts indispensables.

Départ du Havre tous les samedis par paquebots de la *Compagnie générale transatlantique* à destination de New-York.

Durée de la traversée : 7 jours.

Le prix du passage en 1re classe varie selon le paquebot, la cabine choisie, et suivant la saison ; il est de 3.600 à 4.800 francs.

Prix du passage en 2e classe, suivant la saison de 1.950 à 3.200 francs.

Prix du passage en 3e classe ; environ 1.400 francs.

De New-York à San-Francisco, le trajet s'effectue par voie ferrée en 4, 5 ou 6 jours, suivant la ligne.

Voici les prix :

Tarif des chemins de fer.

	$
San-Francisco New-York et vice versa (taxe de guerre comprise)...........	120.58
Aller et retour valable neuf mois......	211.28
1 Drawing room San Francisco Chicago (taxe de guerre comprise)..........	90.72
1 Compartiment San Francisco Chicago (taxe de guerre comprise)..........	72.09
1 Couchette Pullmann du bas San-Francisco à Chicago (taxe comprise).	25.52
1 Couchette Pullmann du haut San-Francisco à Chicago (taxe comprise).	20.41
1 Couchette Touriste du bas, San-Francisco Chicago (taxe comprise).......	13.77
1 Couchette Touriste du haut, San-Francisco Chicago (taxe comprise).........	11.02
1 Drawing room de Chicago à New-York (taxe comprise).....................	34.56

Raiatéa — Une baie.

Tarif des chemins de fer (suite).

1 Compartiment de Chicago à New-York (taxe comprise)..............……,.	$ 27.54
1 Couchette du bas de Chicago à New-York (taxe comprise)................	9.72
1 Couchette du haut de Chicago à New-York (taxe comprise)...............	7.56

Le voyageur transpacifique a droit à une franchise de bagages de 350 livres, par billet et 175 par demi-billet. L'excédent est transporté à raison de $ 20.09 les 100 livres. taxe comprise. Les malles d'un poids supérieur à 250 livres ne sont pas acceptées. Enfin, leur longueur réglementaire étant de 45 pouces, un supplément équivalent à 5 livres d'excédent est perçu pour chaque pouce supplémentaire.

Les enfants de 5 à 12 ans paient 1/2 place ; au-dessous de 5 ans ils voyagent gratuitement.

Les trains de voyageurs ne transportant que des bagages (malles. valises et sacs de voyage), on ne peut indiquer le tarif des colis volumineux qui sont transportés dans des conditions spéciales.

Papeete est relié à San-Francisco par les steamers-courriers de l'*Union Steam Ship Company* de Nouvelle-Zélande qui font un voyage tous les 28 jours, (ligne transpacifique de Sydney, Wellington, Rarotonga, Papeete, San-Francisco et retour.)

Durée de la traversée : 12 jours.

Prix du passage :

	VOYAGE simple.	ALLER et retour.
	l. sh.	l. sh.
1re classe................	30.00	55 10
2e —.	20.00	35 10
3e —	13 10	25.00

2° Par l'Australie en 60 jours environ.

Départ de Marseille pour Sydney, par les paquebots des *Messageries maritimes.*

     Guide de l'immigrant.

Durée de la traversée : 36 jours ; avec escales à Port-Saïd, Suez, Aden, Bombay, Colombo, Fremantle, Adélaïde et Melbourne.

Prix des passages de Marseille à Sydney :

	fr.
1re classe	4.315
2e —	1.830

Séjour à Sydney de 5 à 6 jours et transbordement sur un paquebot de l'*Union Steam Ship Company*.

Réduction en faveur des enfants.

Les enfants au-dessous de trois ans sont transportés gratuitement ; de trois à douze ans, ils payent demi-place ; au-dessus de 12 ans, ils payent place entière.

Dans le cas où une famille comprendrait plusieurs enfants au-dessous de trois ans, la gratuité ne serait accordée qu'à l'un d'eux et les autres payeraient chacun quart de place.

Il est accordé un lit pour un enfant payant demi-place ; mais deux enfants payant chacun demi place n'ont droit qu'à une seule couchette.

Les enfants transportés gratuitement n'ont pas de couchettes désignées ; ils doivent coucher avec leurs parents.

Poids des bágages admis en franchise.

	kilos
Pour un passager de 1re et de 2e classe..	150
— 3e et de 4e classe..	75

L'excédent, quelle que soit la classe, se paie à raison de 25 francs les 100 kilos.

A Sydney, l'émigrant pour Tahiti devra s'adresser à l'*Union Steam Ship Company* qui lui délivrera un ticket pour trajet direct de Sydney à Tahiti par Wellington.

Départs tous les 28 jours.

Durée de la traversée : 13 jours ; escales à Wellington et à Rarotonga.

Les prix des passages sont les suivants :

	l. sh.
1re classe	30.00
2e —	20.00
3e —	15.10

Au cas où l'émigrant arriverait à Wellington par une autre voie, les prix de passage de Wellington à Papeete sont les suivants :

		l.	sh.
1ʳᵉ classe		22.00
2ᵉ —		15.00
3ᵉ —		10.00

Les paquebots de l'*Union Steam Ship Company* sont subventionnés par la colonie. Il existe une ligne annexe également subventionnée qui relie Papeete à Auckland et Sydney.

L'unique cargo-mixte qui la dessert effectue les voyages d'Auckland à Papeete avec escale à l'aller et au retour aux îles Cook et Raiatéa (Iles-sous-le-Vent). Il n'y a que des 1ʳᵉˢ et 3ᵉˢ classes, et les prix de Sydney à Tahiti sont les mêmes.

MOYENS DE COMMUNICATION ENTRE LES ANTILLES FRANÇAISES ET TAHITI

De la Martinique ou de la Guadeloupe à Colon par les paquebots de la *Compagnie Générale Transatlantique* (non compris la réduction dans le cas de réquisition accordée par les autorités consulaires) :

	fr.	c.
3ᵉ classe	400	00
2ᵉ —	500	00

De Colon à Panama par chemin de fer.

	fr.	c.
3ᵉ classe	80	00
Bagages : par livre anglaise de 483 gr.	0	20
Passeport à prendre au Consulat de France à Panama		

De Panama à San-Francisco par navire à vapeur.

	fr.
3ᵉ classe, environ	1.000

(Le prix du transport entre Panama et San-Francisco est très variable. Il suit les lois de l'offre et de la demande plusieurs compagnies se faisant concurrence. — Il varie suivant le jour et doit être débattu par l'intéressé).

VOIES DE COMMUNICATION INTÉRIEURES

1° *Ile Tahiti.*

La route de ceinture ou « route coloniale » est desservie journellement, côté est, jusqu'à Papenoo (18 km.) et côté ouest, jusqu'à Taravao (60 km.) par un service de voitures automobiles subventionné par la colonie, partant chaque matin de Papeete.

Il est accordé 5 kilos de bagages par personne ; l'excédent se paie à raison de 0 fr. 05 par kilo et par district.

Il existe, en outre, à Papeete, de nombreuses voitures automobiles et des camions automobiles pour le service des passagers et des marchandises autour de Tahiti.

Des goélettes et des embarcations avec moteur à gazoline font également le service entre Papeete et les districts de l'île.

2° *Ile Mooréa.*

Les communications avec l'île de Mooréa sont assurées plusieurs fois par semaine par des goélettes pontées, à voiles, munies d'un moteur actionné à gazoline.

La durée de la traversée est d'environ 1 heure 1/2. Le prix du passage aller et retour est de 20 francs.

3° *Iles-sous-le-Vent.*

L'Archipel des Iles-sous-le-Vent qui comprend plusieurs îles, dont Raiatea est la plus importante, a pour chef-lieu Uturoa au nord de cette île; distant de 108 milles à l'ouest de Tahiti.

Cet archipel est relié à Tahiti par le vapeur d'Auckland, qui y touche à l'aller et au retour: en outre, par de nombreuses goélettes appartenant aux commerçants des Iles-sous-le-Vent et de Papeete.

A Raiatea, il existe une route carrossable desservant 15 kilomètres de chaque côté du chef-lieu.

Les communications entre Raiatea et les autres îles de l'archipel sont assurées par des goélettes ou par des côtres.

Nuka-hiva. — La baie de Taiohaï.

4° *Marquises.*

Les centres principaux des Marquises sont : Atuana (île Hivaoa), chef-lieu de l'établissement secondaire, siège de l'Administration, et Taiohaé (île Nuka-Hiva).

Communications de l'Archipel.

1° Avec Tahiti. — Les communications postales entre Tahiti et les îles Marquises sont assurées par une goélette à propulsion mécanique de la *Compagnie franco-tahitienne*, aménagée pour le service des passagers, laquelle fait un voyage toutes les 6 semaines.

Le navire s'arrête à Atuana, île Hiva-Oa, et à Taiohae, île Nuka-Hiva.

En outre, plusieurs goélettes appartenant à des commerçants de Papeete font le trafic entre ce dernier port et les différentes îles.

2° Entre les différentes îles de l'Archipel. — Les communications officielles et les communications commerciales sont assurées entre Atuana, principal centre de population, Taiohae et les diverses îles de l'archipel par des goélettes et par les baleinières des particuliers.

3° Entre les divers districts d'une île. — Par des routes muletières, ou par mer, au moyen de baleinières.

5° *Archipel des Tuamotu.*

Les communications postales entre Tahiti et les îles Tuamotu sont assurées également par la goélette de la *Compagnie franco-tahitienne* laquelle en allant aux Marquises, s'arrête dans les principales îles de l'Archipel Tuamotu.

Les nombreuses îles de cet archipel sont reliées entre elles par des côtres.

En outre, l'Administration possède une goélette, *la Mouette*, qui visite spécialement, pendant toute l'année, les îles Tuamotu.

Enfin, de nombreuses goélettes dont la plupart sont pourvues de moteurs à gazoline, font un commerce incessant entre les îles de cet archipel et Tahiti, pour le compte des négociants de Papeete à qui elles appartiennent.

6° *Iles Gambier.*

Les îles Gambier sont reliées avec Papeete, de la même façon que les Marquises et les Tuamotu, par la goélette de la *Compagnie franco-tahitienne* qui y effectue un voyage tous les six mois.

Cet archipel est en outre fréquenté par quelques goélettes de commerce de Papeete.

7° *Iles Australes*. — *Rapa.*

Les communications postales entre les îles australes et Tahiti sont également assurées par la goélette de la *Compagnie franco-tahitienne* qui les dessert, deux fois par an, en allant aux Gambier.

En outre, des goélettes ayant pour point d'attache ces diverses îles, se rendent fréquemment à Papeete.

Seule Rapa qui se trouve plus au sud n'est visitée que rarement par des goélettes.

Service téléphonique.

Un réseau téléphonique exploité par une société privée existe à Tahiti et dessert le tour de l'île. Les habitants de Moorea se sont constitués à frais communs une ligne établie de la même façon.

Télégraphie sans fil.

Depuis 1915, Tahiti possède une station radio-télégraphique à grande puissance pouvant communiquer avec Samoa, la Nouvelle Zélande et les îles Sandwich.

Le coût d'un radio-télégramme privé de Tahiti pour la France est actuellement de 10 fr. 87 par mot.

Bientôt les relations radio-télégraphiques avec les îles Sandwich et le continent américain pourront être améliorées et la taxe par mot sera de ce fait notablement réduite.

Climat — Météorologie.

L'île de Tahiti est renommée depuis longtemps pour la salubrité de son climat; la température, toujours assez élevée, n'éprouve généralement pas de brusques variations pendant le jour, mais les nuits y sont quelquefois très fraîches. Les plus grandes chaleurs coïncident avec la saison des pluies de janvier à avril; le thermomètre atteint alors à l'ombre jusqu'à 33° centigrades.

A partir du mois de mai, la température commence à baisser et le minimum se produit de juin à octobre, sans descendre cependant au-dessous de 15° pendant la nuit; elle se relève vers les premiers jours de novembre.

Les vents diurnes n'exercent aucune influence sur le thermomètre, quelle que soit d'ailleurs leur direction; mais on ne saurait en dire autant de la brise de terre ou «hupe» qui s'élève le soir et souffle pendant la nuit. Cette brise se fait sentir de minuit à six heures du matin, et alors le thermomètre accuse le minimum de température.

A proprement parler, il n'y a pas à Tahiti de saison absolument sèche. Néanmoins la quantité d'eau qui tombe de juin à octobre est tellement faible, si on veut la comparer aux pluies des autres mois de l'année, qu'on admet deux saisons, l'une sèche, l'autre humide. Le climat est sensiblement le même dans tous les archipels; mais à l'île Rapa, située plus au sud, la température est naturellement plus basse.

Nous avons dit qu'il n'y a réellement que deux saisons à Tahiti, la saison sèche et la saison humide. Celle-ci commence en novembre ou en décembre, rarement plus tard, et finit en mars ou dans les premiers jours d'avril. On a remarqué, cependant que cette saison n'est pas absolument régulière et qu'elle présente des écarts assez sensibles d'une année à l'autre.

La saison des pluies, improprement appelée hivernage, est caractérisée par la perturbation de l'alizé, les calmes, une température plus élevée et une tension électrique maxima.

Il pleut à peu près également à Tahiti pendant le jour et pendant la nuit. Si l'on observe une légère différence, elle semble être en faveur du jour.

Les grandes pluies sont ordinairement accompagnées de violents coups de tonnerre.

« La quantité d'eau tombée est très variable; elle est rarement inférieure à 1 mètre et atteint certaines années 2 mètres et 2 m. 50. »

Les mois les plus secs paraissent être juillet et octobre; mais, comme pour les mois pluvieux, cette classification ne doit pas être considérée comme absolument invariable.

VENTS.

Alizé. — De mai à août, l'alizé souffle du sud-est; de septembre à décembre, il vient plus souvent de l'est. De janvier à mai, sa direction est celle du nord nord-ouest; elle coïncide avec la saison des pluies.

On a remarqué que l'alizé venant du sud-est est dévié par les montagnes de Tahiti en deux courants, l'un, suivant la côte nord-est de l'île, conserve sa direction primitive, tandis que l'autre, longeant la côte sud-ouest, va rencontrer les montagnes de Moorea où il éprouve une nouvelle déviation, pour se réfléchir sur Tahiti du sud-sud-ouest au nord-ouest. Entre ces deux courants existe une ligne de calme quelquefois assez étendue en largeur.

Brise de terre. — Cette brise, que les indigènes appellent *hupe*, s'élève au commencement de la nuit. Elle semble prendre naissance au centre de Tahiti, et souffle dans tous les sens, suivant les rayons qui partent de ce point. A Papeete, qui se trouve au nord-nord-ouest, sa direction varie du sud-sud-est au sud-sud-ouest, venant ainsi toujours du sud.

Le maximum d'intensité de la brise de terre se montre au lever du soleil.

Brise de mer. — Elle s'élève entre 9 et 10 heures du matin et atteint ordinairement sa plus grande force entre midi et 2 heures; elle décroît de 3 à 4 heures et fait place à un calme auquel succède bientôt la brise de terre.

OURAGANS — RAZ-DE-MARÉES — MARÉES

Les ouragans sont assez rares à Tahiti.

Les raz-de-marées, aussi peu fréquents d'ailleurs que les ouragans, se manifestent surtout dans les différents archipels, à l'époque de la saison humide ; la violence est à peu près la même partout, mais les effets sont cependant plus graves sur les îles basses.

La pleine mer a lieu tous les jours de 1 heure à 2 heures dans la baie de Papeete ; les plus grandes marées ne dépassent pas 50 centimètres.

BAROMÈTRE

Les oscillations du baromètre sont généralement régulières et se produisent chaque jour à des heures à peu près invariables. La pression atmosphérique minima se manifeste à 4 heures du matin et à 4 heures du soir ; la pression maxima à 10 heures du matin et à 10 heures du soir ; d'où oscillation diurne et oscillation nocturne.

L'amplitude des oscillations change suivant les saisons ; la plus grande pendant la saison sèche et la plus faible pendant l'hivernage.

Les hauteurs observées varient entre 756 et 762. On a vu toutefois le baromètre descendre jusqu'à 751 pendant un ouragan.

DURÉE DES JOURS

Les jours les plus courts ont une durée de 11 heures ; en juin le soleil se lève à 6 h. 32 et se couche à 17 h.30. La durée des jours les plus longs est de 13 heures ; le soleil se lève à 5 h. 27 et se couche à 18 h. 30.

Les levers du soleil varient entre 5 h. 20 et 6 h. 35, les couchers entre 17 h. 28 et 18 h.39.

Renseignements communs aux divers Établissements français de l'Océanie

CONCESSIONS DE TERRES

A Tahiti, à Moorea et à Makatéa le sol appartient presque exclusivement aux indigènes.

Le domaine local est nul dans ces contrées.

Toutefois on y peut trouver à acheter quelques terrains bien plantés, dont le prix varie entre 1.000 et 5.000 fr.

l'hectare, suivant que ces terrains sont plus ou moins rapprochés de Papeete, et de 50 à 1.000 francs non plantés et en montagne.

Aux Iles-sous-le-Vent, les concessions sont régies par l'arrêté local du 27 avril 1904, modifié par celui des 7 octobre 1907 et 21 novembre 1918, dont voici le résumé.

Les ventes de terrains ont lieu sur demande de l'intéressé aux enchères publiques en prenant son offre pour prix de base.

Pour obtenir une concession, le futur colon doit posséder un capital d'exploitation de 300 francs pour chacun des 10 premiers hectares et de 200 francs pour chacun des autres.

Les terrains sont concédés au prix de 80 francs l'hectare pour les terres cultivées et de 50 francs pour les terres en friche ; les marais et terrains de montagne compris dans un lot sont gratuitement concédés.

Le paiement doit être effectué en 5 ans : 1/5 à la fin de la 2ᵉ année ; 2/5 à la fin de la 4ᵉ et de la 5ᵉ année.

Si le concessionnaire a fait des cultures présentant le caractère de durée, cocotiers, vanille, etc..; il reçoit, après paiement, un titre définitif de propriété.

En cas de non exploitation, ou de non paiement, il est frappé de déchéance.

L'Administration possède probablement aux îles Marquises d'assez vastes étendues de terrain qui ne seront révélées que par l'établissement du cadastre. Aucun acte en effet, n'a jusqu'à présent défini le régime des concessions dans cet archipel ; aussi le Service local ne peut-il procéder qu'à des ventes de terrain sans aucune garantie et encore seulement quand les terrains sont découverts par les acheteurs eux-mêmes ; les terrains vacants sont revendiqués par les indigènes tahitiens.

Aux îles Tuamotu, Gambier, Tubai, Raivavae, Rurutu, Rimatara, la colonie ne possède aucune réserve domaniale pouvant être utilisée par les colons.

Un projet de réglementation des concessions domaniales pour l'ensemble de la colonie est actuellement en préparation.

ACHATS DE TERRAIN

La propriété foncière, très morcelée et la plupart du temps indivise, appartient, presque exclusivement, à l'indigène qui ne s'en défait que lorsqu'il y est absolumentforcé.

Il faut que l'immigrant ait des capitaux suffisants pour pouvoir attendre une occasion d'acheter, et qu'avant de traiter l'affaire il recherche avec soin tous les co-propriétaires du terrain qu'il veut acquérir.

Il est plus facile d'obtenir des baux à long terme.

HABITATION

Le colon qui s'établit dans la colonie devra tout d'abord s'y faire construire une maison d'habitation.

Le prix de construction d'une case en bois, couverte en tôle, de 8 mètres sur 4 — ce qui suppose deux pièces — avec simple vérandah devant sans balustrade, ne sera pas inférieur, peinture comprise, à 12.000 francs.

Une petite cuisine de 4 mètres sur 4 coûtera (bois et tôle) environ 2 000 francs.

Pour ses relations avec le chef-lieu, une voiture lui sera indispensable ; d'où un débours minimum, pour tout l'attelage, de 1.800 francs.

MEUBLES MEUBLANTS

Nous ne parlerons que des meubles indispensables :

	fr.		fr.		fr.
1 lit complet, pour deux personnes (bois, sommier, matelas, oreillers, moustiquaire), vaut,	400	à	800		
1 table en bois blanc de 1 m. 50 sur 1 m.	50	à	75	et	100
Chaise ordinaire	25	à	40	-	75
Armoire en sapin	300	à	600		

USTENSILES DE CUISINE

Nous donnons ci-après le prix approximatif des ustensiles les plus indispensables :

	fr.		fr.		fr.
Une marmite de 8 litres en fonte	18	à	40	et	60
Casserole moyenne, en fer battu	6	-	11	-	25
Poële à frire, moyenne	6	-	12	-	18

USTENSILES DE CUISINE (*suite*)

	fr.	c.	fr.		fr.
Gril..	4	à	6	et	10
Petite écumoire......................	2	50 -	5		
Cuiller à pot, petite.................	2	50 -	5		
Passoire, petite.....................	3	-	8		
6 cuillers, 6 fourchettes en métal blanc.	18	-	36		
6 couteaux de table ordinaires.......	24	-	36		
Plat moyen, en faïence..............	9	-	12		
Assiettes plates ou creuses, en faïence, la douzaine...........................	17	-	32	et	48
Verres ordinaires à boire, la douzaine.	30				
1 fourneau en fonte, à deux trous....	250	-	600		

USTENSILES AGRICOLES

	fr.	c.
1 pelle...............................	37	50
1 bêche..............................	32	50
1 râteau.............................	12	
1 pioche.............................	40	
1 couteau à débroussailler..........	10	

DENRÉES ALIMENTAIRES

Leur prix est malheureusement élevé.

	fr.	c.	fr.	c.
1 kilo de pain coûte................	2	40		
1 litre de vin ordinaire.............	8			
1 kilo de bœuf.....................	9	à	12	
1 kilo de porc......................	7	50		
1 volaille ordinaire................	9	-	15	
1 lapin.	16	-	22	
1 paquet de poissons..............	7	50 -	12	40

VÊTEMENTS

Il est d'usage, à Tahiti, de porter, avec une simple flanelle indispensable au travailleur ou un tricot, un pantalon avec veston montant, en étoffe de coton blanc écru, appelé « faraoti ».

Les deux pièces confectionnées valent environ 100 fr.

Le prix est légèrement supérieur si l'on emploie la toile bleue, dite « denims ».

Papeete — Une avenue.

(Cliché prêté par le Comité de l'Océanie française.)

Une paire de souliers de travail vaut, en moyenne, 95 fr.

Le casque en liège coûte environ 35 francs.

Celui de forme ronde ou ovale est préférable pour les agriculteurs.

LOYERS

Le loyer d'une maison d'habitation composée de deux chambres, 1 cabinet, 1 salle à manger, cuisine et salle de bain, varie, suivant la grandeur de ces différentes piéces, entre 150 et 250 francs par mois, à Papeete.

DOMESTIQUES — TRAVAILLEURS

Aussi bien à Tahiti que dans les Établissements secondaires, la main-d'œuvre est très rare. Le colon devra surtout compter sur lui-même.

Toutefois, depuis quelque temps l'immigration chinoise fournit une main-d'œuvre qui varie entre 12 et 15 francs par jour, à côté de l'indigène qui demande de 15 à 17 francs. Le chinois rend moins comme travail que l'indigène, mais il est plus assidu que ce dernier.

OBJETS A EMPORTER DE FRANCE

L'aperçu des prix que nous avons indiqués d'autre part permettra au futur colon d'être fixé à ce sujet.

Organisation administrative.

Le Gouverneur des Établissements français de l'Océanie réside à Papeete.

Il est le représentant de l'autorité du Président de la République dans la colonie, est chargé de sa défense intérieure et extérieure et a, en outre, tous les pouvoirs administratifs.

Il administre la colonie avec l'aide d'un Conseil d'administration, institué par décret du 19 mai 1903, qui remplace le Conseil général d'antan.

Le Conseil d'administration est composé comme suit:

Le Gouverneur, *président*;

Le secrétaire général;

3

Le chef du Service judiciaire;
Le   —   de l'enregistrement;
Le maire de Papeete;
Le président de la Chambre de commerce;
    —   —   d'agriculture;
Le chef de cabinet du gouverneur, *secrétaire*;

et éventuellement seulement:

L'administrateur des Iles-sous-le-vent;
    —   des Marquises;
    —   des Tuamotu;
    —   des Gambier.

Divisions administratives.

ARCHIPEL DE LA SOCIÉTÉ

Iles du Vent.

Tahiti. — Chef-lieu: *Papeete*, siège du gouvernement, qui forme une commune instituée par décret du 20 mai 1890. La ville de Papeete est administrée par un maire élu par un conseil municipal de 15 membres. Le maire est assisté de deux adjoints. L'île est divisée en 18 districts, (13 à Tahiti et 5 dans la presqu'île), administrés par des présidents-chefs, assistés de conseillers de district, élus au suffrage universel et au scrutin de liste. La composition et les attributions des conseils de districts sont déterminées par la loi tahitienne de 1866 et les arrêtés de 1897 et 1900.

Mooréa est divisée en 4 districts.

Les îles et les archipels autres que Tahiti et Mooréa ont été désignés par décrets du 28 décembre 1885 sous le nom d'Établissements secondaires de l'Océanie.

L'autorité y est confiée à des administrateurs placés sous les ordres du gouverneur; ils sont secondés par des agents spéciaux et par des indigènes.

Aux Tuamotu, à Tubaï, à Raivavaé et à Rapa ces chefs sont assistés d'un conseil de district.

Aux Gambier, Rurutu et Rimatara le représentant de la France est secondé par le Grand-conseil.

ILES-SOUS-LE-VENT

Chef-lieu : *Uturoa*, dans l'île de *Raïata*. — 29 districts en 7 arrondissements ou circonscriptions.

MARQUISES

Chef-lieu : *Atuana*, dans l'île *Hivaoa*. — 10 districts.

TUAMOTU

Chef-lieu : *Rotoava*, dans l'île *Fakarava*. — 56 îles divisées en 31 districts.

GAMBIER

Chef-lieu : *Rikitéa*, dans l'île *Mangaréva*. — 23 îles Tuamotu administrativement rattachées aux 10 îlots des Gambier forment avec elles 9 districts.

TUBUAÏ

Chef-lieu : *Mataura* : 1 district. — Raivavaé : 2 districts. — Rapa : 1 district.

RURUTU

Chef-lieu : *Moéraï*.

RIMATARA

Chef-lieu : *Amaru*.

Organisation judiciaire.

L'organisation judiciaire de la colonie comporte :

1° Six justices de paix à compétence étendue, dont les sièges sont :

Pour l'archipel des Gambier		Rikitéa.
—	Tuamotu	Rotoava.
—	Marquises	Atuana.
Pour les districts de Tiarei, Mahaena, Hitiaa, Afaahiti, Pueu, Tautira, Teahupoo, Vairao, Papeari, Mataiea et Papara (île Tahiti).................		Taravao.
Pour l'île Moorea		Afareaitu.
Pour l'archipel des Iles-sous-le-Vent....		Raiatea.

De plus, un fonctionnaire peut être désigné par le gouverneur pour aller tenir des audiences foraines dans les îles de l'archipel de Tubuai, Rapa, et Raivavae, chaque fois que les besoins l'exigent. Ces audiences sont tenues sans ministère public et sans greffier.

Les juges de paix des Gambier, des Tuamotu, des Marquises et des Iles - sous - le - Vent peuvent tenir des audiences foraines dans chacune des îles principales de leur ressort.

Les indigènes de Rurutu-Rimatara sont jugés par leurs tribunaux et conformément à leurs lois.

Le lieutenant de juge de Papeete est désigné pour remplir les fonctions de juge de paix à Afareaitu (Mooréa); ce magistrat y tient 12 audiences par an.

Le subtitut du procureur de la République siège chaque mois comme juge de paix à Taravao (Tahiti). Enfin le juge-président remplit, à Papeete, les fonctions de juge de paix et fait les actes tutélaires attribués aux juges de paix par la loi française, tels que les appositions et levés de scellés, les avis des parents, les actes de notoriété et autres qui sont dans l'intérêt des familles.

2° Un tribunal civil de 1re instance, siégeant à Papeete.

3° Un tribunal de commerce.

4° Un tribunal supérieur siégeant également à Papeete,

5° Des tribunaux, dits conseils de districts, siégeant dans chaque district, avec une cour d'appel au chef-lieu, prenant le titre de Haute-Cour tahitienne et une cour de cassation, siégeant également au chef-lieu, et portant le nom de Cour de cassation tahitienne. Ces tribunaux jugent les contestations entre indigènes relatives au droit de propriété des terres (loi tahitienne du 28 mars 1886 et décret du 27 février 1892).

Instruction publique.

Il existe au chef-lieu de la colonie : 1° une école communale de garçons, une école communale de filles et une école maternelle ; 2° une école dite école centrale qui prépare les élèves au certificat d'études primaires, au brevet local, au brevet élémentaire métropolitain.

Ses programmes d'études sont à peu près ceux des écoles primaires supérieures de France. Elle compte 28 boursiers de la colonie, en partie internes, et un certain nombre d'externes. Une école primaire élémentaire y est rattachée.

Dans les districts de Tahiti et dans les archipels pourvus d'écoles, l'enseignement est donné à peu près exclusivement par des maîtres indigènes qui appliquent des programmes restreints où la plus large part est faite à l'étude de la langue française.

En dehors des écoles publiques il existe à Papeete des écoles confessionnelles: une école tenue par des Frères de Ploërmel; une école de filles tenue par des Sœurs de Saint-Joseph de Cluny, et enfin une école de garçons et une école de filles dirigées par la Mission protestante.

L'enseignement secondaire n'est pas donné dans la colonie; mais celle-ci octroie, après concours, des bourses d'enseignement secondaire, d'enseignement supérieur, d'enseignement technique ou professionnel dans les établissements de la Métropole, aux enfants méritants qui ne pourraient faire leurs études sur place. En principe le nombre des bourses est fixé à trois par an. (Arrêté du 22 mai 1913).

Impôts divers et législation fiscale.

Les différentes contributions directes ou indirectes et taxes diverses, existant à Tahiti et Moorea, se divisent comme suit :

1° Impôt personnel ;
2° Contributions des patentes ;
3° Taxes de vérification des poids et mesures ;
4° Taxe sur les chiens ;
5° Droits de consommation sur les rhums ;
6° Permis de port d'armes ;
7° —   chasse ;
8° Impôt sur la propriété bâtie ;
9° Prestations ;
10° Taxe sur les voitures, automobiles, etc.

IMPÔT PERSONNEL

L'impôt personnel est dû par tous les habitants mâles, agés de 18 à 60 ans, présents dans la colonie au 1er janvier· La taxe est fixée d'une manière uniforme à 6 francs et est due pour l'année entière.

IMPÔT SUR LA PROPRIÉTÉ BATIE

Cet impôt est fixé à 5 p. 100 sur la valeur locative annuelle.

IMPÔT SUR LES CHIENS

La taxe sur les chiens est fixée à 10 francs. Elle est due pour l'année entière pour chaque animal possédé au 1er janvier.

PRESTATIONS EN NATURE

(Arrêtés des 16 février 1881, 20 novembre 1903 et 23 décembre 1904).

Le nombre de journées de prestations à fournir par les habitants des Établissements français de l'Océanie, âgés de 18 à 60 ans, est fixé à sept.

Le taux de la journée à verser en remplacement est fixé à 6 francs pour tous les Établissements français de l'Océanie.

PERMIS DE PORT D'ARMES

La taxe sur ces permis est de 3 francs.

L'importation des armes à feu et des munitions ne peut se faire sans un permis de débarquement.

PERMIS DE CHASSE

La délivrance de ce permis donne lieu au paiement d'un droit de 30 francs par permis et par an.

DOUANE ET OCTROI DE MER

Les marchandises d'origine française importées dans la colonie sont frappées d'un droit d'octroi de mer fixé par le décret du 11 mars 1897.

Celles d'origine étrangère supportent, en outre, un droit de douane, tantôt spécifique, tantôt *ad valorem*, variant de 10 à 15 p. 100 environ.

Sont exempts de tous droits, entre autres objets :

Les machines-outils à l'usage des ouvriers à bois ou à métaux.

Les outils en cours d'usage apportés par les ouvriers venant s'établir dans la colonie.

Les vêtements et effets composant la garde-robe des voyageurs au moment de leur arrivée.

Les meubles et objets mobiliers en cours d'usage appartenant à tous citoyens venant s'établir dans la colonie.

Sont également exempts de droits :

Le bétail ;

Les arbres fruitiers, plantes et fruits.

Les voitures, harnais, bicyclettes, même en cours d'usage, sont soumis aux droits.

Patentes.

Tout individu qui exerce un commerce, une industrie ou une profession désignée au tableau des patentes, est assujetti aux droits fixes et proportionnels déterminés ainsi qu'il suit :

PATENTES FIXES

Patentes de commerce.

1re classe. — Négociants vendant en gros et en détail, le détail ne s'étendant pas aux liquides..... 1.500 francs.

Le gros comporte au moins une bouteille pour les liquides d'importation autres que les rhums. Pour ces derniers, comme pour les liquides alcooliques de fabrication locale, le gros comporte 12 bouteilles.

2e classe. — Négociants vendant en gros et en détail, le détail ne s'étendant pas aux liquides, exerçant dans les districts de Tahiti et Moorea et ne vendant que des boissons dites hygiéniques (vin, cidre ou bière).. .. 850 fr.

. Le gros comprend au moins une bouteille et les boissons ne pourront être consommées sur place.

Les mêmes, établis dans la colonie ailleurs qu'à Tahiti et Moorea et vendant, sauf les prohibitions spéciales prévues par les décrets et arrêtés en vigueur dans les établissements secondaires de la colonie, partout où il n'existe pas de débit de boissons, le rhum à la bouteille ainsi que les autres liquides alcooliques............... . 850 francs.

Le gros comporte au moins une bouteille pour les liquides d'importation autres que les rhums. Pour ces derniers, comme pour tous liquides alcooliques de fabrication locale, le gros comporte au moins 12 bouteilles.

3ᵉ classe. — Commerçants en gros et en détail ne vendant pas de liquides, exerçant à Papeete seulement et dont le chiffre d'importation de marchandises dans l'année est supérieur à 12.000 francs.............   700 francs.

4ᵉ classe. — Commerçants en gros et en détail ne vendant pas de liquides, exerçant à Papeete seulement et dont le chiffre d'importation annuelle de marchandises ne dépasse pas 12.000 francs...... ....   240 francs.

5ᵉ classe. — Commerçants en gros et en détail ne vendant que des produits relatifs à leur industrie, sauf les liquides, et exerçant à Papeete seulement..   190 francs.

6ᵉ classe. — Commerçants en gros et en détail ne vendant pas de liquides, établis partout ailleurs qu'à Papeete..............................   120 francs.

2ᵉ *Patentes d'industries et de professions diverses.*

Armateurs, par tonneau de jauge, pour tout bâtiment jaugeant au moins 10 tonneaux ... .   2 francs.

Colporteurs à Tahiti........ .. ....   187 fr. 50.

Les mêmes à Moorea...... ....   120 francs.

—   aux Iles-sous-le-Vent, y compris les embarcations armées dans l'archipel pour y faire le colportage.............................   150 francs.

Colporteurs dans les autres archipels...   120   —

Usiniers, chefs de fabrique..........   60   —

Entreprise pour l'exploitation des phosphates:

1ʳᵉ Catégorie: afférente à la période d'installation....... ....   30 francs.

2ᵉ Catégorie: à compter du jour où commence l'exploitation du produit.... ....   1.500 francs.

Capitaines ou subrécargues de navires armés au petit cabotage ou au bornage faisant du commerce à bord dans les ports autres que celui de Papeete, mais ne vendant pas de liquides...................... 240 francs.

Les mêmes exerçant le commerce des liquides en gros dans les ports des dépendances, sauf les prohibitions spéciales prévues par les arrêtés en vigueur dans certaines localités.

Le gros comporte au moins une bouteille pour les liquides d'importation autres que les rhums. Pour ces derniers comme pour ceux de fabrication locale, le gros comporte au moins douze bouteilles.

Par tonneau de jauge......	30 francs.
Minimum de la patente.......	240 —
Maximum.........................	850 —

Toutes personnes non assujetties à la patente de négociant de 1ʳᵉ classe et exerçant le commerce des perles.. .... 375 francs.

Établissements de crédit...	375 —
Préparateur de vanille	175 —
Arpenteur-géomètre......	125 —
Toutes autres professions............	30 —
Formule de patente...	5 —

Nota. — Il est formellement interdit aux navires armés au long cours et au grand cabotage de faire le commerce à leur bord.

Les patentes proportionnelles, décomptées sur un minimum de 900 francs pour Papeete et de 600 francs pour les districts et dépendances, sont fixées de la manière suivante :

PATENTES PROPORTIONNELLES

Négociants de première ou de seconde classe, établissements de crédit .... 1/5 de la valeur locative.

Négociants de troisième, quatrième, cinquième et sixième classes.......... 1/6 —

Usiniers .... 1/20 —

Entreprise pour l'exploitation des phosphates :

1ʳᵉ catégorie......................	1/15	—
2ᵉ catégorie....................	1/5	—

(La patente proportionnelle porte dans les deux caté gories, sur tous les locaux, pontons, warfs etc. , afférents aux besoins de ladite industrie).

Toutes autres professions........... 1/15 de la valeur
locative.

IMPÔT PARTICULIER SUR LES PROFESSIONS LIBÉRALES

(Arrêtés des 25 janvier 1883 et 26 novembre 1903.)

	fr.	c.
Agents d'affaires......................	190	»
Avocats ou défenseurs.....................	562	50
Commissaires-priseurs...............	187	50
Huissiers........	190	»
Médecins	190	»
Notaires...	562	50

Ne sont pas soumis à la patente :

1° Les peintres, sculpteurs, graveurs et dessinateurs considérés artistes et ne vendant que le produit de leur art ;

Les photographes ;

Les professeurs de belles lettres et arts d'agrément, les chefs d'institutions, les maîtres de pensions, les instituteurs primaires ;

Les éditeurs de feuilles périodiques ;

Les artistes dramatiques ;

2° Les habitants et cultivateurs, seulement pour la vente et la manipulation des récoltes et fruits provenant des terrains qui leur appartiennent ou par eux exploités, et pour le bétail qu'ils y élèvent, qu'ils y entretiennent ou qu'ils y engraissent ;

Les propriétaires ou fermiers de marais salants ;

Les propriétaires ou locataires louant accidentellement une partie de leur habitation personnelle ;

Les pêcheurs, même lorsque la barque qu'ils montent leur appartient ;

3° Les cantiniers attachés à l'armée ;

Les écrivains publics ;

Les commis et toutes les personnes travaillant à gages, à façon et à la journée, dans les maisons, ateliers et bou-tiques de leur profession, ainsi que les ouvriers travaillant chez eux ou chez les particuliers sans compagnons, apprentis, enseigne, ni boutique; la femme travaillant avec son mari, les enfants non mariés travaillant avec leurs pères et mères ni le simple manœuvre dont le concours est indispensable à l'exercice de la profession.

En outre, des droits spéciaux sont perçus sur les liquides alcooliques exportés de Tahiti à destination d'un archipel.

Le coprah est soumis à un droit d'exportation de 10 fr. par tonne.

Prix des transports.

DANS L'INTÉRIEUR DE L'ILE

Par camion automobile, de Papeete à Taravao, 60 kilomètres, 100 francs environ la tonne. Pour des parcours moindres prix proportionnels.

Par goélette à gazoline, 15 francs le mille de cocos; les autres marchandises, 50 francs environ la tonne, quelle que soit la distance.

ENTRE TAHITI ET MOOREA

Par goélette à gazoline: 50 francs la tonne.

ILE MAKATEA

Cette île située à 125 milles au nord-nord-est de Tahiti, possède de riches gisements de phosphates de chaux exploités par la *Compagnie française des phosphates de l'Océanie* (siège social: 28 rue de Châteaudun, Paris).

Un petit vapeur appartenant à cette compagnie fait un service hebdomadaire entre Papeete et Makatéa.

Voici les tarifs des passages de Papeete aux Archipels :

Tarif des passages de Papeete aux Tuamotu et Marquises.

Rangiroa........	
Fakarava.......	
Makemo.........	
Hao	*35 fr. par jour avec couchette.*
Fakahina	*30 fr. par jour sans couchette.*
Atuana	
Taiohae.........	
Papeete (retour).	

Tarif des passages de Papeete aux Iles australes et Gambier.

(Sens direct.)

Rimatara.......
Rurutu........
Tubuaï.........
Rapa.........
Mangareva......
Hao..........
Papeete........

(Sens inverse.)

Hao..........
Mangareva......
Rapa.........
Tubuaï.........
Rurutu........
Rimatara.......
Papeete........

35 fr. par jour avec couchette

30 fr. par jour sans couchette

Taux des frets Marquises et Tuamotu, Gambier et Iles Australes. (Cie franco-tahitienne par voiliers)

francs.

Pour les îles à passe, la tonne ou mètre cube..... 200
Pour les îles sans passe (Tuamotu, Marquises, Iles-Australes) 250
Pour les tonnages au dessus de 50 tonnes, il est accordé des tarifs spéciaux.

De Tahiti aux Iles-sous-le-Vent et vice-versa.

Le fret pour ces îles est en moyenne de 50 à 70 francs le tonneau par goélette.

Par vapeur il est d'environ 40 sh. par tonne de 40 cf pour les marchandises générales.

Pour chacun des pays en relation avec Tahiti :

1° De San-Francisco à Tahiti :

Le prix du fret des marchandises venant de San-Francisco à Tahiti est de 165 francs la tonne.

2° De Tahiti à San-Francisco.

D. sh.

Pour les marchandises générales, par tonne. 20.00
Pour le coprah, par tonne de 1.000 kilos.,.. 12.50
Pour la vanille, par livre anglaise.......... 0.03

3° De France à Tahiti :

Le fret des marchandises venant de France à Tahiti, par voie anglaise, varie actuellement de 800 à 1.000 francs la tonne. Le fret est à peu près le même pour les marchandises venant d'Angleterre.

4° De Tahiti en France :

Celui des marchandises exportées de Tahiti vers la France, par la voie anglaise, est également de 800 à 1.000 fr. la tonne. Pour les marchandises venant d'Angleterre, le prix est sensiblement le même.

5° De Tahiti en Australie :

96 shellings 6 pence par tonne de 40 cf ou de 20 cwt (2.240 livres).

6° De Tahiti en Nouvelle-Zélande :

Environ 100 francs la tonne.

7° De Tahiti à Rarotonga (Archipel Cook) :

Environ 90 francs la tonne.

Importations.

PRINCIPAUX PRODUITS IMPORTÉS

1° De France :

Conserves de viandes, de gibiers, de sardines, homard, thon, beurre en boîte, légumes en boîte, bonbons, chocolats, fruits confits ;
Vins et eaux-de-vie ; chaussures, articles de Paris ;
Tabacs, articles de fumeurs ;
Parfumerie, faïences, porcelaines, verreries ;
Soieries, rubans, dentelles, mercerie ;
Armes de chasse, munitions ;

2° De l'étranger (Angleterre, Nouvelle-Zélande et Etats-Unis) :

Conserves de viande, saumon, beurre en boîte ;
Farine, grains, (orge, blé, avoine, riz) ;
Vins blancs et rouges de Californie ;
Pommes de terre, aulx, oignons ;
Sel de table et de cuisine ;

Lard salé ;

Fruits frais et en boîte ;

Légumes frais et de conserves ;

Cotonnades, chapellerie, chaussures ;

Produits chimiques ;

Machines à coudre ;

Bicyclettes ;

Machines-outils, outils à bois et à fer, instruments de jardinage ;

Cordages, poulies, etc ;

Bougies, schiste, lampes en verre ;

Meubles meublants, voitures, harnais ;

Charbon de terre ;

Toile à voile ;

Accordéons, allumettes ;

Bœufs, moutons ;

Tôle ondulée.

Le mouvement commercial présenté en 1921 est sensiblement égal à celui de 1920.

Les importations des dix dernières années se présentent comme suit :

		francs.
1912	....	7.747.181
1913	....	9.030.474
1914	....	8.427.029
1915	....	6.055 717
1916	....	7.121.348
1917	....	7.806.294
1918	....	10.084.856
1919	....	12.015.719
1920	....	14.401.153
1921	....	14.221.624

Exportations.

PRINCIPAUX PRODUITS EXPORTÉS

1° en France ; 2° à l'étranger.

(Angleterre, Nouvelle-Zélande, États-Unis)

	fr. c.		fr. c.
Nacres, le kilo.............	1	à	2 50
Peaux brutes, la pièce.....	3	à	4

Principaux produits exportés (suite).

	fr. c.		fr. c.
Cire d'abeilles, le kilo.....	3 50	à	5
Biches de mer, —	1 50	à	3
Oranges, le mille..........	30	à	50
Ananas, le cent..........	30	à	35
Cocos secs, le mille........	250	à	300
Coprah, le kilo...........	0 60	à	0 70
Vanille, —	15	à	25
Coton égrené, le kilo.....			3 50
Fungus; —			3
Avocats, le cent..........	40	à	50

Les chiffres des exportations des dix dernières années
sont les suivants :

	francs.
1912..........................	8.481.366
1913..........................	11.554.507
1914..........................	8.517.952
1915....	7.707.539
1916..........................	10.481.651
1917..........................	11.995.792
1918..........................	10.099.196
1919..........................	18.622.495
1920..........................	24.360.901
1921..........................	15.158.580

La majoration provient non des quantités exportées qui
augmentent très lentement, mais du prix anormal des den-
rées coloniales et du taux du change ; une chute rapide est
à escompter pour 1922-23.

Commerce avec la France.

Le montant des transactions avec la France a été le
suivant :

	ANNÉES		DIFFÉRENCES
	1921	1920	en plus.
	francs.	francs	francs.
Importations.	3.195.120	595.953	2.599.167
Exportations.	4.376.895	1.504.765	2.872.130

A l'importation, l'augmentation porte surtout sur la parfumerie, les spiritueux et les tabacs.

A l'exportation, l'augmentation porte principalement sur la vanille et l'huile de coco.

Le tonnage des importations par pays de provenance, a été le suivant :

	tonnes.
France et colonies................	2.328
États-Unis......................	10.435
Nouvelle-Zélande et Australie ⎫ ...	6.679
Archipel de Cook ⎭	

Les exportations sont réparties comme suit :

France et colonies...............	1.860
Angleterre.....................	»
États-Unis.....................	23.019
Nouvelle-Zélande et Australie.....	59.636
Autres pays....................	2.152

L'augmentation du tonnage à l'exportation, provient du phosphate exporté.

Le commerce au cabotage est assuré par 23 bateaux de construction étrangère, d'une jauge de 2.734 tonnes, et 55 bâtiments de construction locale, jaugeant 1.276 tonnes, soit un total de 78 navires représentant 4.010 tonnes.

Usages commerciaux locaux.

L'organisation des maisons de commerce ne présente rien de particulier, ce sont en général de grands bazars où se trouvent tous les articles en usage dans la colonie. Chaque marchand s'installe suivant son inspiration.

Les employés se recrutent, en général, sur place. Ils doivent connaître le français, l'anglais et le tahitien ; la connaissance de ces trois langues est indispensable.

Un capital très élevé pour l'établissement d'une modeste maison de commerce est nécessaire.

Les frais de manutention à l'arrivée et au départ sont assez élevés.

La création à Tahiti d'une succursale de la *Banque de l'Indo-Chine*, a donné aux rapports commerciaux une régularité conforme aux usages pratiqués partout ailleurs.

Raiatéa. — Une grève.

Industries.

La plus grande industrie existant dans la colonie est celle de l'exploitation des phosphates de l'île Makatéa par la *Compagnie française des phosphates de l'Océanie.*

Il existe deux usines à sucre à Tahiti.

Plusieurs blanchisseries ont été installées en ces dernières années.

Tahiti possède en outre : une usine électrique, une fabrique de bière, une huilerie, des chantiers de navires, des entreprises de bâtiments, des bijoutiers, bouchers, boulangers, bourreliers, cabaretiers, charpentiers, charrons, chaufourniers, ferblantiers, forgerons, imprimeurs, maréchaux-ferrants, mécaniciens, peintres en bâtiments, photographes, restaurateurs, tourneurs sur bois, voiliers.

Les industries indigènes sont rares et de peu d'importance.

Établissements de crédit.

Il existe dans la colonie deux établissements de crédit :

1º CAISSE AGRICOLE

La *Caisse agricole* dépend du service local, fonctionne sous sa surveillance et sa garantie.

Créée par arrêté local du 30 juillet 1863, remaniée par arrêté du 11 juin 1914, et réorganisée par arrêté du 20 octobre 1922, elle a pour objet principal de favoriser l'établissement des colons agriculteurs ou industriels.

Ses opérations sont les suivantes :

1º Acquisitions, échanges, ventes, cessions et locations de terrains pour l'établissement des colons agriculteurs ou industriels.

2º Avances de premier établissement à faire éventuellement aux dits colons en espèces ou en nature (matériaux, instruments aratoires, bestiaux ou animaux de basse-cour.)

3º Prêts sur hypothèques de propriétés rurales (1re ou 2e hypothèque).

Intérêt 8 p. 100 l'an, payable par trimestre.

Les remboursements de ces prêts se font par paiements semestriels et égaux dans un délai maximum de dix années.

4° Prêts sur cautions. Des prêts sur signatures de deux cautions admises par le comité-directeur pourront être faits, jusqu'à concurrence de 5.000 francs par individu ou collectivité aux agriculteurs ou industriels agricoles.

Les mêmes prêts peuvent être consentis aux personnes qui installeraient dans la colonie des industries d'intérêt général.

Ils n'ont qu'une durée de six mois ; ils portent intérêt à 8 p. 100 l'an, dans tous les cas, mais ils peuvent être prorogés pour une durée égale.

5° Prêts sur hypothèques de propriétés de ville non bâties-ainsi que sur les constructions qui y seraient édifiées mais sous la condition que celles-ci soient assurées.

Intérêt : 8 p. 100 l'an, s'ils ont un but d'hygiène et 9 p. 100 l'an dans tout autre cas.

Ces prêts sont remboursables en dix annuités, par paiements semestriels égaux augmentés des intérêts courus.

Des dépôts.

La *Caisse agricole* est autorisée à recevoir :

Des dépôts à temps ou placements depuis 25 francs jusqu'à 30.000 francs rapportant 3 p. 100 l'an. Ils sont remboursables à vue jusqu'à concurrence de la somme de 5.000 francs ; passé ce chiffre, l'établissement se réserve la faculté d'effectuer les remboursements par acomptes trimestriels de 5.000 francs.

Traites.

La *Caisse agricole* est autorisée à tirer des traites sur ses correspondants des archipels pour le montant des ouvertures qui lui seront dûment notifiées. Elles sont vendues en la forme et au prix de base arrêtés par le comité-directeur.

Telle qu'elle a été réorganisée par l'arrêté du 11 juin 1914, la *Caisse agricole* offre à la petite épargne un placement de tout repos ; elle favorise l'établissement

de nouveaux colons et leur permet plus tard l'extension
de leur exploitation agricole, grâce aux avances qu'elle
leur consent et aux facilités qu'elle leur accorde pour
en opérer le remboursement.

2° BANQUE DE L'INDOCHINE

Une succursale de la *Banque de l'Indochine*, dont
le siège social est à Paris, a été créée à Tahiti par
décret présidentiel en date du 24 février 1904.

Les opérations de la banque ont pour unique objet
les opérations financières se rattachant aux pays dans
lesquels elle possède des établissements, en vue de faci-
liter le commerce et l'industrie

En outre, avec certaines garanties, elle consent des
prêts sur des marchandises restant entre les mains des
emprunteurs.

Son aide contribue au développement des transactions commerciales, gênées autrefois par l'absence d'une
banque. Elle prête son concours apprécié par le commerce,
à chaque branche d'opérations; et tout en facilitant
les transactions, elle s'efforce de donner aux rapports
commerciaux une régularité conforme aux usages pratiqués partout.

Monnaies.

Depuis le retrait de la piastre chilienne ou péru-
vienne, les seules monnaies en circulation dans les
Établissements français de l'Océanie sont:

La monnaie locale comprenant:

1° Les diverses coupures de la Banque à privilège
de l'Indo-Chine, qui ont, comme celles de la Banque
de France dans la Métropole, cours légal et les billets
émis par la Chambre de Commerce.

Elles sont les seules avec celles de la Chambre de
Commerce acceptées dans les caisses publiques.

2° La monnaie française. (numéraire)

L'or français est très rare.

L'or anglais ou américain fait prime sur place.

Sur France: par traites de la *Banque de l'Indo-Chine*: 2 p. 100.

Sur l'Australie et la Nouvelle-Zélande: suivant le cours de la livre.

Sur San-Francisco: suivant le cours du dollar.

Réglementation nacrière.

« La pêche des huîtres nacrières et perlières est reglementée par le décret du 21 janvier 1904, modifié par celui du 26 mars 1918 et par l'arrêté local du 29 juin 1918

« Des concessions de lagons d'îles inhabitées ou de parcelles de lagons inexploités, dans d'autres îles, peuvent être accordées pour une période de 30 ans renouvelable sur demande pour une durée maxima de 12 ans.

« La concession comporte une redevance forfaitaire minima de 0 fr. 02 c. par kilogramme de nacre extraite et un prix de location du lagon fixés par le Gouverneur en Conseil d'administration.

« Le concessionnaire doit procéder à une exploitation rationnelle des fonds nacriers et les restituer au terme de la concession en meilleur état qu'au début.

« Il doit se soumettre à toutes les obligations résultant des règlements en vigueur de son titre à peine de retrait de la concession. »

Régime minier.

Le régime minier a été établi par un décret en date du 17 octobre 1917, réglementant la recherche et l'exploitation des gîtes naturels de substances minérales existant dans les Établissements français de l'Océanie. Un décret du 23 février 1918 est venu apporter quelques légères modifications au premier.

Depuis la mise en vigueur de cette réglementation jusqu'au 15 juillet 1921, vingt-quatre permis de recherches ont été demandés au Service des mines.

« Les redevances minières sont fixées par l'arrêté local du 24 mai 1918.

« Le taux en est de cinquante centimes par hectare tant pour les deux années de validité du permis de recherche que pour chacun des deux renouvellements annuels de ce permis et respectivement de 0 fr. 75 c. 1 franc ou 1 fr. 50. c par hectare pour les concessions, suivant que la superficie est inférieure à 500, 1.000 ou 2.500 hectares. »

Produits du sol.

FÉÏ *(Musa fehi)*.

Sorte de bananier indigène dont les fruits peu sucrés sont extrêmement nourrissants. Croît surtout à certaines hauteurs dans les vallées. Ces fruits cuits au four se mangent en guise de pain avec d'autres aliments. Le goût un peu sur, du feï ne plaît pas à tous les Européens.

ARBRE A PAIN *(Artocarpus incisa)*.

L'arbre à pain (uru, maiore, en tahitien), produit un fruit farineux, qui peut atteindre parfois la grosseur d'un fromage de Hollande. Cuit au four ou sur la braise, le goût en est excellent et les Européens s'y habituent avec facilité. C'est une grande ressource pour l'alimentation. Il y a trois récoltes par an; celle de mars est la plus abondante.

TARO

Les rhizomes du taro *(caladium esculentum)*, dont il existe plusieurs variétés, sont considérés comme le meilleur aliment indigène. Il est toutefois un peu coûteux. Il croît dans les terrains humides, et même vaseux ; plusieurs espèces viennent en terrain sec. La récolte a lieu de 6 à 12 mois, selon l'espèce, après la plantation.

Les tiges et les feuilles de certaines espèces sont comestibles comme les rhizomes.

IGNAMES

Bon aliment, mais peu nourrissant. Il est de culture facile autour des habitations ou dans les montagnes, au choix du cultivateur.

PATATES

On cultive une assez grande quantité de patates douces
qui servent à l'alimentation des indigènes et des européens
et aussi à la nourriture des animaux.

ARACHIDES

Cette culture très rémunératrice est entre les mains
des chinois : toute la production est mangée rôtie, pas de
fabrique d'huile.

MANIOC

Les rhizomes de manioc râpés servent à préparer de la
fécule et du tapioca. C'est une plante d'excellent rendement
nécessitant peu de frais d'entretien. Sa culture pourrait
être développée. Il y aurait lieu de créer des installations
mécaniques pour traiter les rhizomes ; le procédé indigène
est lent et demande beaucoup trop de main-d'œuvre. Le
morcellement de la propriété, le prix de la main-d'œuvre
etc, interdisent d'espérer, en l'état actuel, tirer un parti
rémunérateur de cette culture.

BANANIERS

De nombreuses variétés de bananiers, dont la production
est constante toute l'année, donnent des fruits qui peuvent
être mangés cuits ou crus suivant leur degré de maturité.
Nourriture extrêmement nutritive (cinq fois plus que le
pain et trente fois plus que la pomme de terre), c'est la
grande ressource du colon.

COCOTIER

La culture du cocotier est la principale en Océanie.
Cet arbre demande beaucoup de soins étant jeune mais
reste fort longtemps d'un excellent rapport.

Tout peut être utilisé dans le cocotier ; mais par suite
du manque de main-d'œuvre et faute d'installations mécaniques appropriées, l'amande de la noix de coco est seule
exploitée. Cette amande séchée constitue le coprah qui
vaut en moyenne 0 fr. 80 le kilo. On extrait du coprah, de

l'huile, diverses graisses végétales très estimées, (végéta-
line, cocose... etc) et des tourteaux excellents pour la
nourriture des animaux. L'amande râpée est utilisée dans
la pâtisserie. Autrefois, des usines, installées à Papeete,
produisaient du coco râpé qui était exporté en Amérique ;
mais des droits de douane prohibitifs ont empêché la
réussite de cette industrie locale qui pourrait être reprise
avec succès si la colonie était directement liée à la France.
Une huilerie existe maintenant qui expédie ses produits
en France.

L'eau de coco constitue une boisson fraîche et hygié-
nique. Le lait provenant de la noix de coco rapée et
pressurée peut remplacer celui de vache. L'huile fraîche
est comestible. Le miti (sauce indigène) est préparé avec
du jus de coco râpé et du jus de citron.

Le tourteau de coco est pour les animaux un aliment de
premier choix ; la noix elle-même donne des animaux
immangeables.

De la bourre de coco on peut tirer des fibres solides
servant à fabriquer des nattes et des cordages imputres-
cibles.

Les feuilles du cocotier tressées servent à la confection
de paniers et à couvrir les habitations.

Cet arbre si utile est certainement une des sources de
revenus les plus sûres de la colonie.

ORANGES

L'orange de Tahiti est, à juste titre, réputée la meilleure
du monde entier. L'oranger n'est malheureusement l'objet
d'aucune culture méthodique. Il pousse là où le hasard
a porté les graines, en sorte qu'on le trouve sur les
rives comme sur les plateaux. Les fruits des vallées,
à quelques centaines de mètres d'altitude, sont de
beaucoup supérieurs à ceux du littoral. Les oranges sont
exportées en Nouvelle-Zélande et constituent un article
très apprécié sur le marché local. Ce fruit, à l'égal de la
banane, pourra d'ici quelques années, par suite de communications plus rapides et directes, être exporté sur les
marchés d'Europe.

ANANAS

De tous les fruits tropicaux, l'ananas est celui qui est
l'objet de transactions les plus avantageuses, bien qu'il
soit peu exporté. Sa culture en grand devrait être envi-
sagée, tant au point de vue de l'exportation que de la
fabrication sur place de confitures ou de conserves.

AVOCATIER

Arbre de la famille des laurinées. Son fruit, connu sous
le nom d'avocat ou poire d'avocat, est encore un des plus
appréciés parmi les fruits tropicaux qu'on trouve à Tahiti.
Sa qualité en fait un produit d'exportation assez considérable sur les marchés d'Amérique. Son prix qui varie entre
25 et 40 francs le cent, est très rémunérateur. |Un avocatier
peut donner comme revenu de 300 à 400 francs par an.
Comme peine, il n'y a que la cueillette du fruit. Se conserve assez longtemps. Sa plantation est à recommander,
car le jour où il pourra s'exporter sur les marchés d'Europe,
il constituera un article de vente très important.

FRUITS D'EUROPE

Les hauteurs n'ayant pas été jusqu'ici utitilisées pour
l'acclimatation des fruits d'Europe, ces fruits sont à peu
près nuls. On a toutefois pu récolter quelques pommes et
des pêches sur le littoral Les fraises viennent bien à une
altitude de 300 mètres.

La culture des fruits d'Europe pourrait être entreprise,
certainement avec succès, dans les Iles Australes, surtout
à Rapa où la température moyenne est bien inférieure à
celle de Tahiti.

CANNE A SUCRE

D'après de Candolle et Raoul la canne est indigène à
Tahiti. Elle n'a pas été introduite. Les variétés de montagne ont des graines fertiles.

Les variétés de cannes sont nombreuses. On en compte
au moins huit: Piavaré, Oura, Irimutu, Rutu, Ute, Vahi,
Avae, Puato.

Makatéa. — Le Village des Travailleurs.

Les variétés Rutu, Irimotu et Piavare sont les plus cultivées à Tahiti, principalement les deux premières.

Cette culture est recommandée ; les entreprises de plantations existantes donnent de bons résultats.

Il serait possible d'augmenter le nombre et l'étendue des plantations. Le plateau de Taravao, par exemple, conviendrait particulièrement à ce genre de culture. Actuellement la colonie importe une notable quantité de sucre.

Cultures introduites

COTON

La culture du coton fut autrefois très prospère dans les Établissements français de l'Océanie ; elle est actuellement à peu près abandonnée et même la *Société cotonnière* dont le but devait être ce genre de culture et de négoce a dû y renoncer à cause de la pénurie de main-d'œuvre et du prix.

Le coton serait pourtant la meilleure culture à faire pour utiliser les côteaux. Il servirait aussi avantageusement à protéger les jeunes cocotiers de la brousse envahissante et atténuerait par son rendement les dépenses d'entretien d'une plantation de cocotiers ; mais encore faudrait-il pouvoir trouver la main-d'œuvre tout au moins pour la cueillette ; l'espèce « Sea Island » réussirait fort bien dans nos archipels, les Tuamotu exceptés, et le coton de Tahiti faisait prime autrefois sur le marché mondial.

CAFÉ

L'espèce la plus répandue est l'Arabica-Ceylan, introduite par les soins de la Chambre d'agriculture.

C'est aux îles du Sud et Gambier que cette culture est la plus considérable. Elle peut être entreprise avec succès à Tahiti. La colonie ne peut suffire à sa consommation, elle est obligée d'en faire venir de l'extérieur ; prix de la main-d'œuvre prohibitif.

Le café vaut sur place 4 fr. 50 le kilo en moyenne

Pas de maladies cryptogamiques—Hémiea inconnue.

CACAO

Des plants de cacao existent un peu partout, mais ce sont de simples essais. Toutefois les résultats obtenus sont encourageants et l'attention des agriculteurs pourrait se tourner avantageusement vers cette culture le jour où l'on disposera d'une main-d'œuvre suffisante pour la cueillette et la préparation des fruits.

VANILLE

C'est de beaucoup la culture préférée de tous à Tahiti. Exigeant peu de force musculaire et beaucoup de dextérité dans les doigts, elle permet d'utiliser les femmes et les enfants qui se prêtent d'autant plus facilement à cette besogne que c'est sous l'ombrage des arbres qui protègent les vanilleries contre les rayons du soleil qu'elle s'accomplit. La qualité de ce produit n'est pas aussi bonne que celle de la vanille récoltée en d'autres colonies françaises; cela tient tout particulièrement à ce que l'indigène la cueille avant maturité, car le sol et le climat sont très propices à la vanille de belle qualité.

C'est un peu à l'incurie et à l'insouciance des indigènes qui la cultivent, beaucoup à la hâte qu'ont les Chinois qui la préparent d'en tirer bénéfice, bien plus qu'aux manœuvres de spéculateurs, qu'est due la réputation médiocre actuelle des vanilles de Tahiti. Cette qualité est pourtant parfaite chaque fois que le producteur se donne quelque peine pour obtenir un produit de choix.

Le prix moyen de la vanille est à Tahiti de 15 à 25 fr. le kilo.

Un décret en date du 2 novembre 1910, a réglementé dans les Établissements français de l'Océanie, la cueillette, la préparation et la vente de la vanille.

TABAC

Le tabac pousse très bien. Sa qualité est bonne, mais la préparation en est défectueuse et il n'est employé que par les indigènes qui le fument enroulé dans une feuille de pandanus. Il est livré aux marchands, par l'agriculteur, en longues carottes. La consommation est supérieure à la production et le déficit est comblé par les tabacs d'importation. Une petite industrie locale de tabac haché s'est créée. Cette culture se développe aux îles Marquises (*Société française des îles Marquises*).

MAÏS

La culture de cette céréale est malheureusement très peu répandue C'est celle qui suit ordinairement les défrichements. Elle a été délaissée faute de régularité dans l'approvisionnement des acheteurs, régularité indispensable à l'entretien des animaux auxquels cette nourriture est donnée. Les intéressés ont préféré lui substituer l'orge et le son de Californie apportés sur le marché de Papeete par les courriers de San-Francisco. Cette culture peut revivre ; elle est en tout cas à recommander aux colons pour les besoins de la basse-cour. La récolte se fait cent jours après le semis et, si les plants ont reçu l'humidité nécessaire, les épis sont généralement de bonne venue ; mais le colon a un sérieux adversaire, le rat, qui récolte souvent avant lui.

VIGNE

Le vigne pousse : elle *donne deux récoltes* par an. Il serait possible de faire des petites plantations dont les produits s'écouleraient sur place comme fruits de table à des prix très avantageux. Les espèces à raisins blancs seraient préférables, comme moins susceptibles d'être dévastées par les merles

Il ne faut pas songer, pour le moment du moins, à faire du vin.

RIZ

Le riz a été cultivé autrefois sur de petites surfaces marécageuses où il donnait deux récoltes par an. Cette culture, depuis longtemps abandonnée, pourrait être reprise avec avantage. Un nouvel essai a été dernièrement entrepris par les chinois sur les rives du Lac-Temal (Moorea). Résultats très médiocres, le riz indigène coûtait plus cher que le riz importé.

LÉGUMES

A peu près tous les légumes d'Europe sont acclimatés à Tahiti et fournissent aux colons un sérieux appoint pour leur alimentation. La culture des légumes pour le marché est surtout entre les mains des Chinois qui y trouvent de sérieux profits mais ne sauraient être concurrencés : ce qui leur permet d'exploiter les consommateurs.

CULTURES FORESTIÈRES

Il n'y a pas, à proprement parler, d'exploitation forestière dans la colonie, le pays ne possédant pas de forêts exploitables. Les difficultés de transport constituent un sérieux obstacle à ces exploitations.

Toutefois on exploite le burao, le tamarin et le miro pour les membrures des goélettes construites dans la colonie.

ÉLEVAGE

L'élevage est, par suite de la douceur du climat et de la richesse de la végétation, relativement facile. Les chevaux, les bœufs, les chèvres sont assez abondants, le mouton vient mal, surtout le mérinos et les métis, quoique demandant plus de soins à cause de l'humidité et de la pluie qu'il redoute ; les porcs sont très nombreux et font l'objet d'un commerce important.

Aux îles Tubuai, Raivae, Rurutu, Archipel des Marquises, l'élevage du bétail devrait être entrepris en grand, ce qui constituerait une source de revenus pour qui s'en occuperait sérieusement, ensuite, une grande ressource pour la colonie, qui est obligée pour sa consommation locale, d'avoir recours à la Nouvelle-Zélande.

BASSE-COUR

La basse-cour est la ressource par excellence du colon ; dindons, oies, canards, pintades, paons, poules, pigeons, lapins, etc., viennent bien Toutefois l'élevage de la volaille présente certaines difficultés ; les rats et les éperviers détruisent les poussins ; d'autre part la diphtérie et le choléra des poules font de grands ravages. Dans le voisinage de Papeete cet élevage peut être rémunérateur les œufs et la volaille se vendant toujours un prix élevé.

Hua-Hine — Une baie.

(Cliché prêté par le Comité de l'Océanie française.)

Salaires.

La rémunération journalière accordée dans la colonie aux ouvriers des diverses professions est actuellement la suivante :

	fr. c.		fr. c.
Charpentiers, menuisiers, maçons, tailleurs de pierres, forgerons, charrons, ferblantiers, plombiers, etc., etc.....	20	à	40
Aides des mêmes...................,....	17.50	à	20
Manœuvres ou hommes de peine, à Papeete	15	à	20
Les mêmes, hors Papeete...............	7.50	à	12.50
Ouvriers agricoles....................	7.50	à	12.50

Santé publique.

ORGANISATION DU SERVICE DE SANTÉ

Chaque groupe d'îles important (Tahiti-Moorea, Iles-sous-le-Vent, Marquises) est pourvu d'un service médical. Dans l'archipel des Tuamotu un service médical régulier sera organisé prochainement. Seuls les Archipels des Gambier et des Iles Australes sont dépourvus de médecins Indépendamment des infirmeries et dispensaires installés à Tahiti, aux Iles-sous-le-Vent et aux Marquises, il existe à Papeete un hôpital desservi par 2 médecins, 1 pharmacien, 3 infirmiers et 3 infirmières.

Cet établissement qui est pourvu d'un outillage chirurgical suffisant peut revoir 50 malades des deux sexes. De plus 2 médecins civils et 1 pharmacien civil sont établis à Papeete.

En outre la promulgation dans la colonie du décret du 15 décembre 1909 portant réglementation de police sanitaire maritime dans les colonies et pays de protectorat et celui du 20 mai 1910 sur la protection de la santé publique, assurent à nos établissements français de l'Océanie une grande protection par suite des mesures imposées par ces deux décrets contre l'importation possible de certaines maladies épidémiques (peste, fièvre jaune, etc.). C'est ainsi que la colonie est pourvue d'un service d'hygiène et de prophylaxie, d'une brigade sanitaire et d'un laboratoire de bactériologie. Elle possède, en outre, un lazaret et un village de ségrégation où les personnes atteintes de lèpre ouverte sont isolées.

Les principales maladies que l'on est exposé à rencontrer dans les établissements français de l'Océanie sont : la tuberculose, la syphilis, le rhumatisme, la fièvre typhoïde, l'éléphantiasis et la lèpre. Par contre le paludisme y est inconnu. Un certain nombre d'autres maladies existent dans la colonie, mais il est possible de les éviter en pratiquant une sage hygiène et en menant une vie bien réglée.

Conclusions.

En terminant, il n'est pas sans intérêt de rappeler qu'après la guerre notre colonie du Pacifique prendra un essor plus important encore par suite du trafic intense qui s'effectuera par l'isthme de Panama.

Papeete devant être au surplus pourvu de gros approvisionnements de charbon, d'un port, et étant depuis la fin de 1915 relié avec le monde entier par le poste de T.S.F. de Mahina, on peut dès maintenant affirmer que les Établissements français de l'Océanie sont appelés à prendre une importance de plus en plus grande, et il y a tout lieu de supposer que les émigrants y trouveront, dès que la colonie pourra leur offrir des terrains, des ressources qui se développeront constamment par suite de l'activité économique qui en sera la conséquence.

Fatu-Hiva — La baie des Vierges

(Cliché prêté par le Comité de l'Océanic française.)

TABLE DES MATIÈRES